# TRAITÉ

## DES

# LAODS

# ET TRESEINS.

Par Spectable GASPARD BALLY, Avocat au Souverain Senat de Savoye.

*Chez le même Libraire se vendent les livres sui-
vants ; Sçavoir , la Compilation des Edits
des Princes de la Royale maison de Savoye,
pour le Senat , & la Chambre des Comptes,
la Pratique , ou Reglement Civil & Criminel,
Le traité des Emolumens , la Theorique pour
les Notaires,& la Pratique de Monsieur le President Favre.*

# A CHAMBERY,

## Chez Estienne Riondet,

### Imprimeur & Libraire de S. A. R.

voiés depeisse das droits.
seigneuriaux section 5.

# TRAITÉ
## DES
# LAODS.
## CHAPITRE I.

I. *Etymologie du nom de Laod.*

II. *Autresfois les Emphiteotes ne pouvoyent aliener les biens qu'ils tenoient, sans le gré & consentement du Seigneur Direct.*

III. *Telle rigueur maintenant est levée.*

IV. *On a coûtume au païs de Savoye de donner au Seigneur pour les Laods la sixiéme partie du prix.*

V. *Par le Droit écrit on doit la cinquantiéme partie seulement.*

LE mot de Laod, prend son Ethymologie de Laudo*, qui veut autant dire qu'aprouver ce qu'on a fait, *Cic. in Orat. pro Sextio Pompejus approbavit, & laudavit sententiam Cotta & Plaut. in Trina inquit. Lauda consilium, & probo.* Car autres

fois les Emphiteotès ne pouvoient alienèr les biens qu'ils tenoient en emphiteose sans le consentement du Seigneur Direct, laquelle rigueur a esté levée
3. maintenant par nos coûtumes, veu que l'Emphiteote peut vendre les biens qu'il tient du Fief de quelque Seigneur, sans son consentement, & pour
4. l'approbation de telle vente, on donne au païs de Savoye la sixiéme partie du prix de la chose venduë pour les Laods, qui est deux sols pour florins, par
5. le droit écrit estant duë la cinquantiéme partie ainsi qu'il est decidé par la *L. fin. Codic. de Iur. Emphit.*

---

# CHAPITRE II.

*I.   Diverses especes de Laods dans la Savoye.*
*II.   Les Plaids en la Province de la Maurienne & autres lieux circonvoisins.*
*III.   La seconde espece est la soufferte.*

1. Dans la Savoye il y a plusieurs sortes de Laods, les uns qu'on appelle plaids qui se payent dans
2. la province de Maurienne, & autres lieux circonvoisins. La seconde espece est la soufferte, desquels
3. nous parlerons en detail, selon l'ordre & rang de chacune.

---

# CHAPITRE III.

*De placitis def. 2 alleg. 7. cod. tit. de locato*
*I. Qu'est-ce que plaid ?*

**II.** *Le Plaid est deu par la mort du Seigneur, ou de l'Emphiteote.*

**III.** *Le Plaid se doit payer à proportion de la valeur des biens, & pour iceluy on doit donner la sixiéme partie de ce que les fonds sont estimez.*

AVx Provinces de Maurienne & Tarantaise il y a une sorte de Laods qui s'appelle plaid, & se paye en ces deux Provinces par la mort de l'Emphiteote ou du Seigneur. En Maurienne on ne paye qu'en cas de mort de l'Emphiteote; à sçavoir de quatorze deux, en quelques lieux, & aux autres de douze deux : & avant que d'évaluër l'Hoirie il faut detraire le frais, les debtes, les legats pies, les dotes & les servis, & autres censes, les tailles : enfin il faut rendre l'Hoirie franche, & en aprés faire l'estimation, comme il a esté jugé en faveur de ceux de Montemont contre Maistre Varcin fermier. En des autres lieux, le plaid se paye par la mort du Seigneur, qu'il faut payer à proportion de la Valeur des biens feudaux, qui est la sixiéme partie de ce que le fonds a esté évalué sans que le Seigneur soit obligé de payer aucunes debtes, retirant la sixiéme partie franche, exempte de toutes charges, en quoy il faut prendre garde aux coûtumes de chaques lieux, & aux conventions portées par les reconnoissances qui servent de Regle.

# CHAPITRE IV.

**I.** *La soufferte seconde espece de Laod.*

I I. *Qu'est-ce que la soufferte ?*
I I I.    *Qui doit payer la soufferte.*
I V.    *La soufferte ne se paye qu'une fois.*
V.    *Le payement de la soufferte ne leve la condi-*
*tion du fonds Taillable.*
V I.    *La soufferte est un mot barbare, dont n'est*
*faite mention dans le Droit écrit.*

LA seconde espece des Laods est appellée soufferte, qui se nomme de la sorte, parce que le
Seigneur souffre que le fonds taillable vienne entre
les mains, & sous la puissance d'un homme franc :
tels fonds ne pouvans estre possedez par autre, que
par un taillable, & ainsi l'explique Monsieur le President Favre en la *def. 3. n. 43. C. de his qui manu mit-*
*tere non possunt.*

Tellement que la soufferte se paye si un homme
franc achepte un fonds taillable, à cause du changement d'hommage, afin de rendre capable l'homme
franc de posseder un fonds taillable.

En second lieu si l'homme taillable possede un
fonds franc : on appelle franc lors qu'il est de simple fief, n'estant astraint à aucune condition Taillable, & partant le fonds ne se treuvant de la condition de l'achepteur, la soufferte sera duë, est ce outre
les Laods, tellement qu'il faudra payer double
Laod.

Il faut remarquer que la soufferte ne se doit
payer qu'une fois, est ce par le premier achepteur, acheptant un fonds qui n'est de la condition.

En second lieu que le fonds taillable, ne perd sa
taillabilité imposée, encore qu'il soit possedé, par

Un homme franc, qui en aye payé la soufferte, & retient la condition.

Le mot de Soufferte est un mot barbare duquel il n'est parlé dans le droit ; mais seulement est en usage parmi nous dans les reconnoissances.

* * *

# CHAPITRE V.

I. *Les Laods sont dûs , à cause du domaine, qui est transferé par le vendeur à l'achepteur, soit par vente judicielle, ou autrement.*

II. *Les Laods sont dûs au Seigneur à qui appartient le domaine direct, lors de l'expedition, non pas à celuy à qui est arrivé, aprés les six Mois.*

III. *Les Laods sont dûs des subhastations par coustume de ce païs.*

IV. *Les Laods sont dûs des subhastations nulles.*

V. *Les subhastations nulles tienuent contre le debiteur.*

ON doit les Laods au Seigneur, à cause de la translation du domaine, qui est faite par le vendeur à l'achepteur: soit par vente judicielle, qui se fait par subhastations, & enchere publique, ou autrement, & ce à celuy à qui appartient le domaine direct, lors de l'expedition, non pas à celuy qui est arrivé aprés les six mois finis: & s'observe ainsi comme dit Monsieur le President F..c *Def.* 30. *C.*

*de jur. Emph. & def. 38. eod. Tit.*

3. Il faut remarquer que les Laods sont dûs pluſtôt par couſtume reçuë dans ce païs, que non pas par diſpoſition de droit, car la vente qui ſe par ſubhaſtations eſt une vente neceſſaire, non pas volontaire, *D. Fab. Def. 23. C. de jur. Emph.*

4. En ſecond lieu qu'ils ſont deus des ſubhaſtations, quoy que nulles : on appelle ſubhaſtations nulles, qui ſont faites contre la forme du ſtatut, & pour les rendre telles, il

5. faut manquer ſeulement à la moindre ſolemnité portée, la raiſon qu'en donne Monſieur le Preſident Favre eſt que les ſubhaſtations tiennent au prejudice du debiteur, quoy que nulles, de meſme que ſi elles étoient bien, & duëment faites, & qu'on euſt obſervé les ſolemnités portées par le Statut, car le debiteur, ne les peut impugner ny contredire, qu'il n'ait offert au Creancier la ſomme principale avec les intereſts, & à ſon refus conſigné l'argent. Cecy eſt decidé par la diſpoſition de la Loy : *ſi non ſortem 25. parag. ſi ceptum prò de Condic. iudeb.*

# CHAPITRE VI.

I. *Par couſtume de Savoye on achepte tant pour ſoy que pour ſon amy à élire.*

II. *Telle couſtume n'a aucun rapport à la diſpoſition de droict.*

III. *Telle élection ſe doit faire dans quarante jours au païs de Savoye.*

IV. *En la Province du Fauſigny on la peut faire*

*faire dans un an.*

*V. On doit deux Laods de l'élection d'amy, qui n'a esté faite dans quarante jours.*

*VI. Il faut aussi que dans le mesme temps elle soit aceptée par l'amy éleu, autremens il faudra payer double Laod.*

Dans le païs de Savoye on achepte tant pour soy, que son amy à élite, ce; qui se fait le plus souvent és subhastations, & telle coustume n'a aucun raport avec la disposition du droit: car il est certain que personne ne peut stipuler ny achepter pour autruy, tellement que la coustume à force de loy.

Laquelle élection d'amy se doit faire au païs de Savoye dans 40. jours, & non plus, afin qu'on ne paye qu'un Laod, & dans le mesme temps, l'ami éleu doit accepter l'élection faite : car autrement si bien l'élection a esté faite dans les quarante jours, & l'acceptation aprés, il faudra payer double Load.

Dans la Province de Fausigny on a un an pour faire telle eslection d'amy, & telle coustume a esté authorisée par quantité d'Arrests rendus par le Senat, ainsi que remarque Monsieur le president Favre, *Def. & reliqq. au Cod. si quis alteri vel sibi.*

Il faut aussi que les pactions entre l'amy esleu & l'eslecteur soient les mesmes que celles que le vendeur a fait, avec le premier achepteur, sans qu'il y aye aucun changement au prix, charges & autres choses, qui sont de l'essence du contract, car si on en treuve quelqu'un, il faudra payer double Laod, comme de double vente , encore que les pa-

étions ayent esté faites au temps porté par la coustume.

* * *

# CHAPITRE VII.

I. *Sçavoir si le Seigneur peut demander les Laods avant que l'achepteur aye pris la reele & actuelle possession du fonds vendu.*

I I. *Diverses opinions des Docteurs.*

III. *Arrest de la Chambre.*

I V. *Et subhastations les Loads ne sont dûs qu'aprés les six mois echûs.*

LEs Docteurs disputent si le Seigneur peut demander les Laods avant que l'achepteur aye pris la reele, & actuelle possession du fonds, à luy vendu : où s'ils sont dus seulement après : en quoy ils sont de diverses opinions, les uns estans d'avis que les Laods estoient dus après que le vendeur à tranferè le domaine à l'achepteur, & ce par le bail & tradition de la plume, encore qu'il n'ait pris la reelle & actuelle possession des biens vendus , *Pap.* Aẁt. 29. *Tit des Droicts Seigneuriaux.* suivant l'opinion de Monsieur Tiraquel, au traitè qu'il a fait de la clause de constitut, comme aussi tous ceux qui ont commentè Monsieur Guypape, disans & asseurans unanimement , qu'il n'est pas necessaire que l'acchepteur prenne la reelle & actuelle possession des fonds vendus , mais il suffit la translation du domaine qui se fait par le moyen de la clause de con-

ſtitut eñ vertu de laquelle la poſſeſſion ñaturelle &
civile eſt transferèe à l'achepteur ſans qu'il ſoit be-
ſoin de l'actuelle poſſeſſion.

Les autres ſuivans l'opinion de Monſieur Guypape ſont d'avis que le Seigneur ne peut demander
aucuns Laods, avant que l'achepteur ſoit fait poſſeſſeur du fonds vendu reellement & defait : la raiſon eſt que les Laods ( ainſi qu'ils dient ) ſont dus
au Seigneur à cauſe de la peine qu'il prend, pour
inveſtir l'achepteur, & le mettre en la poſſeſſion
reele du fonds. Or eſt-il qu'au preciarè, ou autre tradition feinte le Seigneur n'a aucune peine, il faut
inferer par conſequent, qu'aucuns Laods ne
ſont dus, car où la cauſe ceſſe l'effect n'a lieu.

Toutefois telle opinion n'eſt ſuivie : la Chambre
des Comptes en l'an 1639. ayant jugè que les Laods,
eſtoient dus, dès la tranſlation du domaine, qui ſe
fait par le bail, & tradition de la plume, ſans que la
reele, & actuelle poſſeſſion, ſoit neceſſaire.

Quand aux ſubhaſtations, on ne peut demander
aucuns Laods avant que les ſix mois ſoyent paſſez,
qui eſt le temps donnè au debiteur pour pouvoir rachepter ſon fonds. *D. Faber. 30. C. de jur. Emphit.*
ce qui s'obſerve inviolablement, ainſi que par plu-
ſieurs Arreſts authoriſans telle couſtume.

Que ſi les ſix mois ſont prorogès par Arreſt du
Senat, les Laods ne ſont dus ſinon au temps de la
prorogation.

# CHAPITRE VIII.

*I. Si on a vendu une maison avec les meubles dans estans, on devra les Laods du prix toutal, ou s'il faudra detraire ce à quoy, les meubles pourront arriver.*

*II. Deux sortes de meubles, les uns qui se peuvent détacher sans rapporter aucune perte ny dommage à la maison; & d'iceux il n'est dû aucun Laod.*

*III. Les Laods sont dus des meubles qui ne se peuvent enlever de la maison : sans detriment, & sont comme partie.*

*IV. Les fruits pendant par racine, sont partie du fonds, & les Laods sont dus.*

*V. Les fruits détachez du fonds ne doivent aucuns Laods.*

*VI. Les Laods ne sont dus des choses mobiliaires; mais seulement des choses qui ne se peuvent transporter, ni separer du fonds.*

1    ON demande si une maison ayant esté venduë, avec ses meubles, on devra les Laods du Prix dotal, ou si on détraira le prix, que les meubles peuvent valoir.

2    Pour l'intelligence de cette proposition, il faut sçavoir si les meubles vendus sont tellement necessaires à la m ison que les détachant, ils rapporteroyent un notable dommage, comme estans une partie d'icelle, & alors les Laods seront

deus tout de mesme que du reste du bastiment.

Que si au contraire ils sont de telle nature qu'ils puissent estre enlevez sans porter prejudice ny detriment au fonds, les Laods n'en seront dus; mais il les faudra detraire du prix de la vente de la maison.

Ce qui est dit d'une maison se doit entendre de tout autre fonds, car si on le vend avec les fruits, s'ils sont pendans par racine, allors les Laods seront dûs du prix total : que s'ils sont attachez ou enlevez, il faut rabbatre du prix à proportion d'iceux, parce que les fruits estans hors de la terre ils ne sont plus partie du fonds : Voila ce qu'en dit Monsieur Boyer en la *Dec.* 224. *per Tot.*

Mais afin que la chose soit plus claire il la faudra faire voir par quelque exemples. Il y a en quantité de lieux de bastiment de bois qui sont fondés sur un gros arbre qu'on appelle sole en plusieurs lieux de la France, lequel n'est point attaché au sol; mais supporté par des grosses pierres, ou des buches de bois appellées billes, on demande si tel bastiment se venant à vendre on endoit les Laods, les Docteurs sont d'un commun accord que non, *Guid Pap. quast.* 169. parceque ce bastiment ainsi construit est sencé pour meuble, n'ayant aucuns fondemens en terre. C'est autre chose d'une maison, & bastiment qui à des fondations en terre qui partant *solo cedit*, & en cas de vente on doit les Laods de telle maison, *non ad valorem soli sed adificii*, ainsi qu'il a esté dit cy-devant.

Monsieur Argentier dans son traité des Laods, au paragr. 28. propose un autre cas d'un qui a ache-

pté le bois d'une Forest qu'il a fait couper, où il dit
qu'il n'en doit point, *cum res quæ vendita est , &*
*absissa sit mobilis ,* autre chose feroit s'il avoit achepté le fonds & terroir où la forest est plantée. Il en
est de mesme d'un Navire qui a esté vendu.

# CHAPITRE IX.

*I.	Si on vend diverses pieces pour un prix, il*
*faudra payer les Laods, de tout le prix sans*
*faire distinction de la valeur des pieces en*
*destail.*
*I I.	Les Laods sont partie du prix.*
*I I I.	Si les pieces sont de divers fiefs châque*
*Seigneur ne pourra demander les Laods qu'à*
*proportion de la valeur de la piece qui sera de*
*son fief.*

1	SI on a vendu diverses pieces pour un prix, dans
le mesme contract, il faudra payer les laods à
2	proportion de tout le prix , non pas faire distin-
ction de la valeur de chacune en destail , parce que
les laods sont partie du prix , ainsi qu'il est decidé
en la loy *fin. C. de jur. Emphit.* & le Senat a jugé
de la sorte le 6. Mars 1617. pour le sieur Medecin
Faber contre le Curé de Francin.

5	Ce qu'il faut entendre , si toutes les pieces ven-
duës sont d'un mesme fief, car si elles se rencon-
trent d'autre fief, châque Seigneur pourra demander le laod tant seulement à proportion de la piece qui sera de son domaine direct, comme si on

achepte, un moulin , ou artifice a eau, il faudra payer la moitié du laod au Seigneur qui a albergé le cours de l'eau & l'autre moitié au Seigneur du fief duquel le fonds ou moulin ou autre artifice a esté bâty , depend.

Messieurs les curieux sçauront que l'invention de moudre le blé , que Pline attribuë à la Deesse Cerés , fut fort imparfaite au commencement : car premierement ce fut à force de bras que le blé fut brisé & reduit en farine , *Molâ Trufatili quæ maxibus versabatur* , & à cet usage estoient employez les Esclaves, *verberibus cæsum , Te in priftinum Dave dedam , usque ad necem , ea lege atque nomine , ut si inde ego te exemerim piote Molam.* Aprés on y employa les animaux que Suetone, *in Caligula,* pour cette raison appelle *piftinentia jumenta:* quelquefois les chevaux inutiles à tout autre employ, servoient à cet usage.

> —— *Trito ducunt Epirhedia collo.*
> *Segnipedes denique Molam : versare nepotis.*

Mais c'estoit principalement l'Office des Asnes, & *inde Molæ Asinariæ,* à la difference des premieres , *quæ mannariæ dicebantur.* Enfin on treuva le moyen de se servir de la rapidité des fleuves pour moudre avec plus de facilité & vitesse : ce fût du temps de Ciceron que cette invention parut au jour ainsi que nous voyons en cet Epigrame tiré du Grec.

> *Sifte manum molitrix longum cape lata foporrem.*

*ipfe licet Gallus , clamet adeſſe diem;*
*Quippe çeres Nimphas juſſit per ſumma rota-*
*rum,*
*Ducere fluctivagos , noƈte dieque choros.*
*Dum radiis in ſe redeuntibus, axe rotato.*
*Quadruplicis verſant , pondera vaſta*
*Molæ.*
*Ætas priſca redit , Cereris nunc munere*
*largo ,*
*Conceſſum eſt nobis , abſque labore frui.*

Voyez ce que j'ay écrit au Chap. 25.

---

# CHAPITRE X.

I.    *Les Laods ſont dûs, d'un baſtiment ſomptueux,*
     *conſtruit dans un chetif lieu.*
II.   *Raiſons pourquoy.*

1

ON doit les laods ſi dans un petit eſpace & fonds on bâtit une maiſon ſomptueuſe, non pas ſeulement du fonds ; mais encore de la maiſon qui a eſté conſtruite, ſans faire diſtinction ny ſeparation de la maiſon avec les fonds ; Et c'eſt la commune opinion des Docteurs , appuyée ſur les principes du Droict , *Domus enim cedit ſundo, in quo ædificata eſt.* Tellement que par ce moyen elle eſt renduë feudale eſtant de meſme nature que le fonds, ne s'en pouvant ſeparer ſans ſon entiere deſtruction, *ſpec. in tit. de Emphit. verſ. 119. Boër. decic.*

*decic. 14. numer. 30. textus in leg. fin. Cod. de Iur.
Emphit.*

CHAPITRE XI.

I. *Si on doit les laods d'une vente faite sous gra-
ce de reachept.*
II. *Diverses opinions.*
III. *Si on en doit un, ou deux.*
IV. *Distinction sur ce.*
V. *Celuy qui a racheté un fond outre le prix de
l'achept doit rendre les laods qu'on a payé au
seigneur.*
VI. *Les reparations faites sur un fonds achepté à
grace Redemptive n'augmentent les Laods.*

ON a dit cy-devant, que les laods étoient dus 1
d'une vente pure & simple. Il reste maintenant de sçavoir s'ils sont dus de celle qui est faite
sous grace de reachept.

Il y a des Docteurs qui sont d'avis que les laods 2
ne sont dus de telle vente par les raisons suivantes, à
sçavoir que la vente, qui est faite à grace de reachet,
n'est pas parfaite, & que le Domaine n'est pas
transferé, le vendeur ayant le choix de rachepter
son bien, dans le temps convenu entre les parties,
& le temps du rachet, n'estant encor expiré, il semble
que le possesseur tienne plustost par forme d'hypotheque que non pas de vente.

Neanmoins il est certain, que les laods sont

dus de la vente faite sous grace de reachept comme
estant parfaite par le moyen du domaine qui a esté
transferé à l'achepteur. Que si bien on a donné terme de pouvoir rachepter le fonds , on ne doit inferer pour autant que l'achepteur n'aye acquis la
proprieté, & pour faire voir que c'est une veritable
ble vente , non pas une hypotheque : il faut obser-
ver que les fruits ne sont jamais imputés au sort
principal, encore qu'ils surpassent les legitimes in-
terests de la somme portée par la vente, ce qui se fait
és hypotheques : voilà l'opinion la plus veritable,
& qui est suivie des Cours de parlement , ainsi que
dit Monsieur Thesaure, en la decision 75. où il rapporte quantité de Docteurs , qui sont de ce sentiment & entr'autres Monsieur Tiraquel paragr. 6.
num. 19. tit. du Retrait conventionnel.

4    Mais la principale difficulté est si on en doit un
ou bien deux, l'un pour la premiere vente, l'autre pour
le revente : à cela il faut faire distinction : où il y a

n. 4   deux contracts , ou un seulement : que si dans le
premier il y a revente il n'est dû qu'un laod, que si
la revente est faite aprés separement , alors on en
doit deux , l'un de la premiere vente , l'autre de la
revente, parce que se sont deux contracts separez.
Tiraquel, du Retrait conventionnel paragraph. 2.
Gloss. 2. num. 34. Papon. Arrest. 23. des Droits seigneuriaux.

5    Il faut remarquer en passant que celuy qui rache-
pte son fonds doit payer à l'achepteur les
laods qu'il a donné au seigneur direct , & ce outre le prix de la vente , encore que dans le contract
il n'en aye esté parlé. Tiraquel. paragraph. du
Retraict Conventionnel Gloss. 2. num. 3. & 24.

De plus que les reparations faites au fonds achepté à grace rendemprive n'augmentent les laods,
veu qu'ils doivent estre payez â proportion du
prix porté par la vente non pas des reparations
qui ont esté faites apres. D. Faber Def. 77. C. de
jur. Emphit.

## CHAPITRE XII.

**1.** *Si on vend un fonds sous grace de rachept, les
laods sont dûs au Seigneur, qui est au temps
de la celebration du contract, non pas à celuy qui est lors du rachept.*

Si on vend un fonds sous grace de reachet, les 1
laods sont dûs au Seigneur qui avoit le Domaine Direct lors de la celebration du contract, non
pas à celuy qui est arrivé lors du reachept : ce qui se
dit des Seigneurs a lieu aux fermiers qui ont asseusé
les laods & vends, *Thef. Dec. 75.*

## CHAPITRE XIII.

**1.** *Les laods sont dûs d'un fonds qui est donné en
payement.*
**1 1.** *Raison pourquoy.*
**1 1 1.** *Les laods ne sont dûs, s'il y a cause
necessaire : autre chose est si elle est co-*

ON doit le laods d'un fonds qui est donné en payement, *quia datio in solutum, habet vim Emptionis & venditionis L. Eleganter in princip. 11. de pignorat. act. D. Faber def. 30. C. de Iur. Emphit.* soit que se soit, ensuite d'un Iugement, pour payer le Creancier, & que les biens ayent esté subhastés ; ainsi que dit Monsieur le President Favre, *def. 30. 31. & 38.* Comme aussi si les biens ont esté discutis, & mis en enchere publique pour des deniers en provenans les creanciers estre payez chacun à son ordre ainsi que dit Monsieur Meynard *Dec. 42. lib. 4.* et telle coustume s'observe en France.

Monsieur Afflictus touchant cette question, fait une distinction sçavoir si la cause a esté necessaire ou volontaire : Car si la cause pour laquelle l'on donne & remet tel fonds en payement, est totalement necessaire, alors on ne doit aucuns laods, que si la cause a pris son origine, de pure volonté sans aucune necessité alors on doit les laods ainsi qu'il dit, *quæstion. 191. in princip. & quæstion. 368. num. 2.* laquelle opinion n'est pas suivie par les Cours Souveraines.

---

# CHAPITRE XIV.

I. *Les laods sont dûs au Seigneur, qui est lors de l'élection du fonds, que l'on donne en pa-*

jement non pas à celuy qui pendant les conventions.

11. *Raisons pourquoy.*

IL faut remarquer que les Laods sont dûs au Seigneur, qui est lors que l'election se fait du fonds qu'on a remis en payement, non pas à celuy qui estoit du temps des conventions.

Parce que les laods sont dus à cause de la translation du domaine, tellement qu'ayant esté transferé lors que l'election a esté faite, les laods sont dus là celuy qui a droit de les prendre pour lors, non pas au Seigneur qui estoit pendant les conventions. Ce qui se dit des Seigneurs, se doit aussi entendre, des fermiers & rentiers, qui les peuvent demander. Tout de mesme que les autres devoirs Seigneuriaux, ainsi le Senat juge, comme dit Monsieur le President Favre *Def.5.8. C. de jur. Emphit.*

# CHAPITRE XV.

7. *L'achept de rente doit Laods.*
11. *Raisons pourquoy.*

L'Achept des rentes doit les Laods, parce que les rentes sont censées immeubles, tout ainsi que les autres fonds. *gloss. in auth. ut si qui oblig. se habent paragr. quorum autem in verb. redditus Clement. exivi de paradiso, paragr. sumque reditus, Ext. de verb. signific.*

# CHAPITRE XVI.

*I.　Les Contracts d'Albergement doit laods.*
*II.　Raisons pourquoy.*

**O**N doit les laods d'un Contract d'albergement, *habet enim vim Emptionis & venditionis,* Ferr. *ad quem Guidopap.*48. & le Senat a ainſi jugé en l'année 1620. pour Salliet de la Roche contre Louïs Rey.

# CHAPITRE XVII.

*I.　On doit la moitié du laod d'un échange.*
*II.　On doit le laod entier de la plus valuë qui a eſté donnée au parſus de l'eſchange.*
*III.　Raisons pourquoy.*

**P**Ar couſtume reçuë dans le païs de Savoye on ne doit que moitié laod d'un échange , ſi tant eſt qu'il ſoit égal , que s'il ne l'eſt & que l'on donne quelque plus valuë , alors il faudra payer moitié Laod de ce qui ſera égal , & le laod entier de la plus valuë : & ainſi le ſenat juge , comme dit Monſieur le Preſident Favre en la Def. 1. C.

*de rer. permutat.* soit que l'échange se face entre
des Estrangers , ou entre freres : par exemple si
quelque temps aprés qu'ils ont partagé par nouveau
Contract ils échangent les pieces qu'ils se sont
partagées. La raison en est qu'au dernier contract
il n'y aucune necessité. *[note manuscrite]*

## CHAPITRE XVIII.

*I.    On doit moitié Laods d'une donation.*
*II.    La coustume deroge au Droit écrit.*

**P**Ar la mesme coustume on ne doit que moitié
laods d'une donation : & ainsi le senat juge ,
comme dit Monsieur le President Favre , *def. 29.*
*c. de jur. Emphit.* laquelle coustume derogé à la disposition du Droit écrit , qui veut que l'on paye
les laods entiers de la donation , tout ainsi
que de tous les contract où il y a translation de
domaine.

## CHAPITRE XIX.

*I.    Sçavoir si un donateur s'estant reservé les*
*fruits pendant sa vie, on devra les laods*
*de telle donation l'usufruit étant fini par la*
*mort du donateur, ou avant.*

I I. *Les laods sont dus l'usufruit estant fini.*
I I I. *Raisons pourquoy.*

ON a dit cy-devant , qu'on devoit la moitié des laods d'une donation : Maintenant il faut sçavoir si un donateur s'estant reservé les fruits pendans la vie des fonds donnez, on devra payer les Laods l'usufruit estant fini par la mort du donateur , ou bien lors de la celebration du Contract, sans attendre le decez du bienfacteur.

Les Docteurs sont d'un commun accord , que les Laods sont dus aprés le trepas du donateur *socin. iun. Conf. 130. volum. 3. Roland, conf. 29. num. 21. vol. 4.* D'autant qu'il faut que le contract sorte son plein & entier effet, avant que de payer les laods, ce qui ne se peut que l'usufruit ne soit fini , par la mort du donateur qui semble avoir diferé la donation au temps de son decez , s'estant reservé la jouïssance des fruits pendant sa vie *Gabellam (disent-ils ) non esse solvendam , donec cum effectu pro contractu agi possit , Bart. in l. cum Titio in. ad l. falcid. ubi dicit, Gabellam non esse solvendam, pro legato annuo donec cesserit dies , nec pro datione in solutum , ex quo nondum bona possidet , cum effectu.*

---

# CHAPITRE XX.

I. *Par disposition de droit les laods ne sont dus d'une*

*d'une hypotheque.*

II. *Par les Edits de nos Sereniſſimes Princes, les laods ſont dus d'un contraƈt, pourtant hypothequé aprés dix ans.*

III. *Raiſon pourquoy.*

**P**Ar diſpoſition de droit les laods ſont dus d'une hypotheque, parceque le creancier n'eſt maiſtre du fonds qu'il tient, ne luy eſtant transferé aucun domaine.

Toutesfois par Edit du 20. Decembre 1605. il a eſté ordonné qu'on payera les laods des fonds remis en hypotheque l'ayant poſſedé par l'eſpace de dix ans; c'eſt pourquoy les creanciers doivent ſommer les debiteurs, afin qu'ils reprenent leurs fonds, & payent leurs debtes, avant que les dix ans ſoient écoulez, ou bien faire inſerer au contraƈt que cas avenant, qu'il faille payer quelques laods, les debiteurs les payeront, non pas les creanciers: car s'ils n'ont fait telles proteſtations, il ne les pourront repeter de leurs debiteurs.

Et fort à propos nos princes Sereniſſimes ont étably telle Loy & Edit pour empeſcher les fraudes que les Favetiers commettoient au prejudice des Seigneurs directs, que l'on privoit de leurs droits, par le moyen de tels contraƈts ſeints & ſimulez.

---

# CHAPITRE XXI.

I. *La femme ne doit les laods des biens qu'elle*

D

24

tient de son mary en hypotheque, pour le payement de ses droits dotaux.

11.  *Raisons pourquoy.*

CE qui est dit des hypotheques ne s'entend des
dotales : Car si bien la femme tient les fonds
de son mary à faute du payement de ses sommes dotales : toutesfois les ayant possedé par l'espace de
dix années, elle ne devra aucuns laods; parce que à
bien examiner l'intention des Princes qui ont fait
tel Edit, ce n'est que pour mettre ordre aux abus,
& simulations que les emphiteotes faisoient pour
tromper les Seigneurs directs ; mais quant à la
femme telle raison ne luy peut nuire, veu que par
disposition de droit : telle hypotheque luy est acqui-
se sans le fait de l'homme ; en quoy on ne peut dire
y avoir aucune fraude, ny tromperie : & ainsi a esté
jugé par le Senat, le 2. Iuin mil six cens vingt-neuf,
entre le Seigneur Comte de saint Alban, & le sieur
Louys Bay.

CHAPITRE XXII.

1.  *Les maisons Religieuses doivent payer les
Laods de vingt en vingt ans, des biens fon-
ciers qu'elles possedent.*

PAr coustume reçuë dans le païs de Savoye lors
que quelque maison Religieuse, ou Commu-
nauté dont les biens sont inalienables, ont achepté

des fonds il faut payer, au Seigneur direct les laods
de vingt en vingt ans, à cauſe de l'amortiſſement à
rate du prix porté par le contract d'achept & ſur ce a
eſté rendu Arreſt par le Senat, ſervant de Reglement
le 14. Iuin 1658. pour l'hopital de ſaint François contre les Reverendes Dames Religieuſes Carmelites de
Chambery. Enſuite de l'Edit d'Emanuel Philibert.

# E D I T

## Concernant l'Amortiſſement.

EMANVEL PHILIBERT,
par la grace de Dieu, Duc de
Savoye, Chablais, Aoſte &
Genevois, Prince de Piémont,
Comte de Geneve, Bauge,
Romant & Aſt, Baron de Vaux, Gex &
Fauſſigny, Seigneur de Nice, Breſſe, Ver-
ſeil & du Marquiſat de Ceve, &c.

A nos amés & feaux les gens tenans
noſtre Chambre des Comptes en Savoye:
Salut, Sçavoir faiſons comme eſtans les

fiefs & arriere fiefs de tous nos païs, terres
& Seigneuries erigées, fais, & ordonnées
de toute ancienneté : pour la ~~derogation~~
sureté, & deffense de nos païs, sujets &
~~estrangers~~, à ce qu'en occurrance d'affaire
l'on puisse promptement, sans troubles ni
travailler la tranfquilité publique, af-
fembler toûjours une force ordinaire des
seigneurs defdits fiefs, & arriere fiefs,
nos fujets & vaffaux pour refifter contre l'invafion de nos ennemis, ou le cas
furviendroit ainfi que bons & fidelles
vaffaux font tenus, & doivent faire, de
tout leur pouvoir, comme il appartient
& que la nature, devoir valoir & revenu
de leurfd. fiefs, & arriere fiefs le requiert,
partie defquels fiefs & arriere fiefs font
erigez & ordonnez, comme dit-eft au
lieu d'eftre tenus & poffedez par nous, ou
de nous par nos vaffaux capables, fe treu-
vent poffedez par plufieurs Chapitres,
Monaftaires, Abbayes, Chartreufes,
colleges conventuels, Prieurs, Prebandiers
& Communautez, & autres gens de
main morte incapables non feulement
des armes, mais auffi par les Droits &
Statuts de noftre domaine, de tenir &

posseder Seigneuries , rentes, & autres immeubles , sans obtenir de nous licence , congé & amortissements , moyenant finance ,& de payer de dix vingt ou trente ans, la sixiéme partie de la valeur desdits biens au lieu des laods & vends, qui à nous pourroient eschoir si lesdits biens estoient en main capables: à l'occasion desquelles choses , & tolerance d'icelles nos forces & les revenus de nostre vray & ancien domaine & patrimoine sont grandement diminuez au prejudice de nous, & de la chose publique en plusieurs manieres & pourroient de plus fort diminuer & amoindrir si par nous n'est à ce pourveu. Parquoy considerant , que à nous seul de Droict , domaine ou bien de nous tenus , ou doivent estre comme superieur & souverain , toutes Seigneuries rentes & possessions rierc nosdites provinces, appartiennent, ou sont mouventes de nostre fief, ou direct domaine, ou bien tenus de nous, ou doivent estre par nos vassaux : en arriere fief si elles n'ont esté affranchies par privilege , & que pour raison de ce en qu'elle qualité qu'elle soient tenuës soit en fiefs,

D 3

ou arriere fiefs, nous sont sur icelles dus
plusieurs tributs, mesmes Laods & vens
lors des alienations, tellement que tom-
bans lesdites Seigneuries, rentes & possessions és mains desdits Chapitres, Communautez & de main morte en qu'elle
maniere que ce soit, demeureront fru-
strez de nos Droits & devoirs Tout à faute de prendre de nous amortissement,
moyennant finance, que de nous payer
comme ils doivent la sixiesme partie du
prix de la valeur desd. biens de vingt ans
en vingt ans, ou autre temps au lieu desdits Laods & vends, & autres Droits
qu'ils nous pourroient échoir.

Vous mandons que à la poursuite de
noble Amé Benoist de Tardi, deputé de
nostre part sur le fait des francs fiefs, nou-
veaux acquets, & Amortissemens, ayez
incontinant, & sans delay, à faire faire
commandement de par nous, à tous Chapitres, Abbayes, Chartreuses, Commu-
nautés, & autres gens de main morte, de-
dans deux mois aprés le commandement
à eux fait, de porter & envoyer par de-
vers le Greffe de la Chambre, la declaration des biens, soit Nobles ou Rotu-

riers , par eux refpectivement tenus &
poffedez , tant par legats, fondations,do-
nations,achepts, que par autre titre quel
qu'il foit, enfemble les lettres d'amortiffement, ou fouffrance qu'ils ont refpectivement obtenu de nos predeceffeurs.
Pour la permiffion & tolerance de les poffeder, fi aucuns ils en ont,& où ils fe trou-
veront tenir autres biens qne les baillés
par declaration , & contreventions auf-
dits amortiffemens : Voulons qu'ils foient
contraints d'en vuider leurs mains , &
& les remettre en main capable, mourant
& confifcant, ou bien prendre & retirer
de nous, amortiffement & permiffion de
faire tenir & poffeder, moyennant telle
finance moderée , que par nous fera or-
donnée felon la valeur & qualité des
biens : Mandons & commandons à tous
Jufticiers & Officiers qu'à vous & autres
par nous deputés que ce faifant foit obey:
Car tel eft noftre bon plaifir : en témoin
dequoy nous avons fignée ces prefentes,
& appofé noftre feel. Donné à Chambery le 10.Octobre 1567. feelées, & fignées.
EMANVEL PHILIBERT,
Et plus bas,            FABRY.

# ARREST

## DE VERIFICATION.

SVr la Remontrance verbalement faite au Bureau des Comptes par le Pro-
cureur Patrimonial, tendante à ce que
les Lettres octroyées par Son Altesse
Royale, sur le fait des Amortissemens
du 10. Octobre soyent verifiées & registrées Ceans, ce faisant qu'il sera procedé
ainsi & comme est mandé par icelles, &
que sur ce soit pourvû comme de raison.

*LA Chambre veu lesdites Lettres séelées &*
*signées, Emanuël Philibert: Et plus bas*
*Fabri, a ordonné & ordonne qu'elles seront en-*
*registrées, & qu'il sera procedé suivant & à la*
*forme d'icelles. Fait à Chambery au Bureau des*
*Comptes le 15. Octobre 1567.*

CHAP

# CHAPITRE XXIII.

I. On doit les laods de cession de biens faite pour
    payer les creanciers.
II. Raisons pourquoy.

ON doit les laods de cession de biens pour payer
les creanciers : car telle cession est reputée
une vente, non pas une donation, le payement des
debtes succedant, *Loco pretij. Afflictus. Decisione* 218.
*Tiraquellus, du Retrait Lignager*, Gloss. 14.

# CHAPITRE XXIV.

I. En vente de plus valuë, on doit payer les
    laods non seulement de la plus-valuë; mais
    encore du reste du prix de l'achept.

EN vente de mieux valuë on doit payer les Laods
non seulement d'icelle, mais encore de tout le
reste du prix de l'achept, soit que le fonds ait esté
tenu en hypotheque ou autrement, les prix ne
devans estre separez : Ainsi le Senat juge, comme
dit Monsieur le President Favre, *Def. penult. C. de
jur. Emphit.*

I.

## CHAPITRE XXV.

I. *Si on a vendu des fonds allodiaux, & des au-*
*tres qui doivent des Laods , pour un prix, on*
*les payera à proportion des fonds qui sont*
*du domaine de quelque Seigneur , non pas*
*du prix.*

S I on a vendu des fonds allodiaux, & des autres, qui doivent des Laods pour un prix, il faudra payer les Laods à proportion de ce que peuvent valoir les fonds qui sont du domaine direct de quelque Seigneur non pas du prix total : Et c'est la commune opinion des Docteurs; ainsi que dit Amed. à Ponte, quæst. 7. num. 4. Voyez le Chap. 9. de ce Traicté. . . .

## CHAPITRE XXVI.

I. *Le Seigneur qui a retiré les servis d'un nou-*
*veau Tenancier & luy en a fait quittance,*
*il pourra demander les Laods encore qu'il*
*n'en aye point protesté.*

L E Seigneur qui a retiré d'un nouveau Tenan-cier le servis, & luy en a fait quittance sans faire mention des Laods , ny protestation , les peut demander, & n'en est privé par la quittance des servis : Car les recevant du nouveau Emphiteote, il connoist par ce moyen qu'il est en possession de les luy payer, sans que pour cela il quite les Laods qui luy sont deüs , c'est la commune opinion des Docteurs, authorisée par les Arrets du Senat rapportées par Monsieur le president Favre *Def.* 14. *C. de jur. Emphit.*

# CHAPITRE XXVII.

*I.* *Sçavoir si on doit les Laods d'un fonds qui a esté donné en recompense de ce qui a està evincé.*

*II.* *Opinion de Monsieur Garondas.*

*III.* *Sentiment des autres Docteurs.*

LEs Docteurs sont en doute , sçavoir si on doit les Laods de ce qui avoit esté donné en recompense d'une chose venduë, qui toutesfois avoit esté evincé. Monsieur Carondas tient qu'on n'en doit aucuns , parce que ce qui a esté donné n'est que subrogation de ce qui a este evincé , dont on a payé les Laods : Tellement que s'il en falloit payer derechef, ce seroit payer double Laod d'une mesme chose, ce qui est contre le Droict & équité.

Les autres sont de contraire opinion : car (disent-ils) ce qui a esté donné en recompense *est datio in solutum.* Or est-il que les Laods sont deus de ce qui a esté donné en payement , *quia datio in solutum sapit naturam Emptionis, & litis æstimatio similis*

eſt empcioni. *l. litis in pro Empt. l. ſed & ſi.§.ſilis in
de publiciana Chaſſ. tit. des mains mortes §. 10. Cor-
neus Conſ. 160.*

# CHAPITRE XXVIII.

I. *S'il y a lieu d'ajudication des Laods lors qu'a
le vendeur a faute du payement du prix de la
vende reprend les biens vendus, en vertu de
la clauſe du precaire appoſée au contract.*

II. *Diverſes opinions des Docteurs.*

III. *Arreſt de la Cour de Parlement de Toloſe.*

**P**Luſieurs ont eſtimé qu'il ne le pouvoit pas, ſe
fondans ſur ce que le vendeur ayant retenu de-
vers luy par la force du precaire la poſſeſſion civile,
& la proprieté de la choſe venduë, il eſtoit vray de
dire que lors que pour ſe ſatisfaire du prix il la re-
prenoit, il n'acqueroit rien de nouveau que la poſſeſſion naturelle qui eſtoit en la main de l'acquereur,
& que par ce moyen n'y ayant aucune tranſlation
de proprieté, mal à propos on prétendoit les Laods,
qui ne ſont deus que par la tranſlation du domaine.

Les autres diſent qu'il y a bien difference du precaire en ſoy & de la clauſe du precaire inſerée dans
un contract de vente, le precaire eſtant un genre
de liberalité, qui nous accorde l'uſage de ce que
nous demandons, & l'effet n'en ſubſiſte qu'autant
qu'il plaiſt à celuy qui a uſé de cette gratification
à noſtre endroit : ceux qui poſſedent à ce titre n'ont

aucune part à la propriété, la seule possession naturelle est en leur main : mais il n'est pas ainsi de la
clause du precaire, que les Anciens aussi bien que
nous avoyent coustume d'inserer en leurs contracts,
*ut res distracta precario penes amptorem essent, que
ad pretium universium persolveretur , Dict. ulpien.
in l. ea que in. de procurat.* & son effet n'est pas
d'empescher la proprieté & la possession civile,
mais bien dacquerir au vendeur pour sa seureté
une hypotheque speciale & privilegiée , qui luy
donne Droict de saisir & de mettre en crie la chose ;
venduë separement des autre biens des son debiteur,
pour des deniers en provenans estre payé de ce qui
luy est deu, par preferance à tous creanciers : &
ainsi fut jugé par la Cour de parlement de Toulouse
le 18. Mars 1633. que les laods estoient dus par celuy qui avoit repris son fonds faute du payement de
la somme.

⁂⁂⁂⁂⁂⁂⁂⁂⁂⁂⁂⁂⁂⁂⁂

# CHAPITRE XXIX.

1. *Si on doit les Laods d'un contract par lequel
on donne des terres à planter en vignes, dans
certain temps, passé lequel la moitié du fonds
cultivé doit appartenir au cultivateur pour
ses travaux, le terme estant expiré, & le
Mettayer ayant pris la possession du fonds en
vertu du contract.*

D 3

LEs Docteurs tiennent que le cultivateur entrant dans les biens à luy acquis par son travail, ne doit aucûns laods : la raison en est que la culture des champs n'est pas moins favorable que la decoration des Villes, & que comme les ventes qui se font pour servir à leur ornement, en elargissans les ruës, ou rëmettant les edifices que la violence du feu, ou l'injüre du temps a ruiné, sont affranchis des Laods, & qu'il en doit estre de mesme de celles qui se proposent.

En second lieu, que tel contract ne pouvoit estre pris pour contract de vente, n'y ayant aucun prix convenu entre les parties, au contraire il est porté specifiquement qu'après que la terre aura esté plantée en vigne, la moitié appartiendra au cultivateur, ce qui est contre la nature de la vente, *quia venditor rem tantum tradere tenetur ; & non vero dare, hoc est facere accipientis. L. dedit tibi. de Condic. causa dat. l. 11. paragr. 1. de Act. Empt. diversæ siquidem præstationes ; sunt emptoris & venditoris. Emptor tenetur nummos facere accipientis : venditor rem venditam tantum tradere, & ejus possessionem vacuam, non vero dominium præstare.* Les jurisconsultes decident expressement, que celuy qui a deux maisons, & en vend une afin que l'achepteur repare l'autre & la remette en bon estat, ne contracte point de vente, quoy que l'acte en porte le titre, *insulam hoc modo, ut aliam insulam reficeres, vendidi, respondi non esse venditionem*, dit Neratius, *in l. insula, de præscriptis verb.* En effet à bien considerer tel contract, on treuvera que c'est une societé qui aboutit à une division necessaire, il y a un texte exprés aux pandectes, *si Dominus fortus area*

*Dominium transtulerit, ut insula ædificaretur erit societas l. si tibi, §. 1. de præscript. verb.* Bartole faisant le sommaire de cette loy dit, *ubi res ad meliorandum traditur, ut quod melioratur dividatur, si dominium, transferatur in totum erit actio præscriptis verbis alias si dominium non transferatur, in totum, sed in partem, erit socitas.* Et ainsi en a esté jugè en l'année 1632. & 1635. par la Cour de Parlement de Toulouse.

# CHAPITRE XXX.

I. *Les laods ne sont dus d'hoirie, acceptation d'icelle, legats, & fideicommis.*

AYant traitè de quantité de cas ausquels les laods sont dûs, il ne sera hors de propos de deduire ceux où on n'en doit point, qui sont les suivans : à sçavoir, les laods ne sont dûs d'hoirie, acceptation d'icelle, encore que l'heritier soit estranger, non plus que des legats, & fideicommis, & c'est la commune observance du païs de Savoye authorisée par quantité d'Arrests appuyez sur le texte du vieux Statut.

# CHAPITRE XXXI.

I. *Les laods ne sont dus des partages.*

*II. Les laods sont dus de la vente faite aprés les partages.*

*III. Si les laods sont dus de la transaction faite entre les coheritiers à cause de l'hoirie qui leur est arrivée en partage.*

C'Est une opinion reçuë en toutes les Cours de Parlement que les laods ne sont dus de partages faits entre les coheritiers & autres associez, tout de mesme que de vente necessaire, par exemple, si dans l'hoirie il se treuve quelque fonds qui ne se puisse diviser commodèment, & que l'un des coheritiers soit contraint d'achepter de l'autre quelque portion de l'hoire, alors ne seront dus aucuns laods de telle vente : ce qui se dit des partages des coheritiers se doit aussi entendre de tous associez.

2  Que si apres les partages fais l'un des coheritiers vend sa part à l'autre, alors les laods sont dus de telle vente, parce quelle est volontaire, non pas necessaire : & ainsi les Cour Souveraines jugent Pap. Arrest 22. Tit. des Droits Seigneuriaux, Guidpap. quæst. 48.

3  Mais la difficulté est si deux freres, cousins, contractent ensemblement sur l'hoirie qui leur est arrivée, & dans le contrat ils disent, que l'un vend à l'autre, cede & quitte tous les droits qu'ils luy peuvent appartenir de telle succession, moyennant une somme de deniers, si par le moyen de tel contrat les laods seront dus au seigneur.

Les Cours de Parlement de France jugent unanimement, que les laods ne sont dus de tel contrat si bien dans iceluy le mot de vente y est specifiè, parce

parce que c'est plustost un partage entre les contran-
hans, que non pas une autre espece; & telle alie-
natiqu'estant une vente necessaire elle n'est sujette à
aucuns laods : Car le contract qui est fait de la sorte
est à cause que l'hoirie demeure en son entier & qu'elle ne soit partagée en diverses pieces qui la rendroit
de moindre valeur & estimation, que si bien dans le
contract il y a un prix certain, il n'opore pourtant une
vente, mais seulement si rt d'estimation : ainsi qu'il
est porté par disposition de Droit, *in de jur. dot. non
tam venditio contrahitur, quàm summa declaratur.*
Car ce qui a esté promis n'est qu'une recompense, ou
une soulte de partage introduite par le Droit favora-
blement, pour la commodité des compartissans, suivant la loy, *item labeo § 1. in. famil. Erscisunde
Index ita potest pluribus eandem rem adjudicare,
vel si certam partem unicuique coheredam assignet,
sed & potest & jam licitatione admissa, uni rein ad-
judicara.* Et ainsi a esté jugé au parlement de Paris le
15. Decembre 1648. Guide Pap. quæst. 411. num. 2.
*cum Comentator :* Toutesfois nostre Senat a jugé le
contraire en l'an 1667. entre deux Cousins, dont
l'un avoit vendu à l'autre toute la part qu'il pouvoit
pretendre sur l'hoirie qui leur estoit arrivée moyennant une somme d'argent ayant adjugé les laods au
Seigneur à rate de la somme portée par le contract
passé entr'eux.

# CHAPITRE XXXII.

1. *Les Laods ne sont deus d'accensement encore*

*qu'il aye esté fait pour dix ans.*
II.   *Diverses opinions de Docteurs.*

*voiés def. 60. c. f. de jure emphit.*

1 EN troisiesme lieu les Laods ne sont deus d'un contract d'accensement encore qu'il ait esté fait pour dix années *Gloss. in l. Codicillis in verb. extitisse in. de legat. a Boer, Deci. 234. num. 5.*

2 Il y a toutesfois des Docteurs qui tiennent le contraire : car ils disent que par le labs de temps de dix années, le domaine util est transferé a l'accensataire, *argument. l. prima si ager vectigalis vel Emphit. Dicat.* Toutesfois si cela estoit il s'en suivroit une absurdité tres grande, à sçavoir que les dix années escoulées, & le contract fini le proprietaire du fonds devroit payer les laods, & de cette opinion est Monsieur le president *Favre* au Traicté qu'il a fait des laods, *Decad. 4. error decimo de error. pragmaticorum ;* où il explique le sentiment de ceux qui se fondent sur la loy premiere *si ager vectigalis uel Emphit. proponat,* qui dit si vous avez loüé un fonds à quelqu'un à tel si qu'on ne l'en pourra lever pendant qu'il payera la cense, alors le contract n'est pas d'accensement ; mais passe en nature de contract d'Emphiteose, qui est d'une autre espece que celuy de location & conduction.

***

# CHAPITRE XXXIII.

**III.** *Diverses opinions des docteurs.*

LEs Laods ne sont deus de la dote, toutesfois elle est en argent, & qu'on donne un fonds en païement, les Docteurs font une distinction, sçavoir si le fonds donné en dot, a esté estimé par estimation qui aye force de vente, alors les Laods sont dus.

Que s'il a esté estimé, pour connoistre, combien il vaut, on ne doit aucuns Laods, Monsieur Ranchin sur la question de Monsieur Guipape 48. dit que si le fonds a esté donné à la fille par le pere ou ses heritiers, alors il n'est dû aucun laod soit qu'il ait esté estimé ou non, parce qu'il tient lieu de portion legitimaire, qui est duë sur les biens du pere, & rapporte quantité d'Arrests rendus par les Cours des Parlement de France : que si c'est la fille, ou estranger qui constituent un fonds en dote : de sorte que par telle estimation on puisse induire une vente, alors les laods sont dus, de telle possessions : & c'est le sentiment de Monsieur le president Favre. *Def.* 55. *C. de jur. Emphit.*

## CHAPITRE XXXIV.

**I.** *Si on doit les laods de la vente des fruits.*

NOus avons dit que la vente des fonds devoit les laods. Maintenant voyons si la vente des fruits qui a esté faite pour long-temps les de-

vra, comme fi je vends les fruits d'un fonds à perpetuité, Monfieur le Prefident Favre au traité qu'il a
fait de laods *dec.* 4. *Error.* 11. *de erroribus pragmaticorum*, dit que telle convention fe doit feulement
entendre pendant la vie du vendeur, ainfi qu'il eft dit
de la focieté qui fe finit par la mort d'un des affo-
ciez *l.* 1. *in pro focio*, car s'il eftoit autrement par
le moyen de telle vente des fruits la proprieté feroit inutile au vendeur. Que fi dans les conventions il eft parlé des heritiers, telle convention ne
pafferoit aux autres heritiers s'arreftant au premier
feulement, ainfi qu'il a efté decidé par l'Empereur
Juftin. *in l. antiquitas* 14. *c. de ufufructu.* Que fi dans
le contract il y a le mot *pour luy & les fiens prefent
& aduenir*, il en fera de mefme, finon que telle
vente des fruits ait efté faite pour un prix certain
marqué au contract, parce que en ce cas il n'y a
point de doute que le prix feroit plutoft du fonds
que non pas des fruits, le vendeur s'eftant levé l'ef-
perance de pouvoir rentrer dans fon fonds, d'autant plus que par les labs & cours de vint-ans les in-
terefts au cinq pour cent égalent le principal : que fi
la vente des fruits a efté evaluée à certaine fomme
payable tant toutes les années, alors ne feront dus
aucuns laods.

Les autres Docteurs font d'opinion que nonob-
ftant toutes ces diftinctions ne font dus aucuns
laods, veu que il eft vray par principe de droit que
celuy à qui on a vendu les fruits n'a rien à la proprieté, & que le Proprietaire peut vendre le fonds a un
autre, & les Praticiens difent que la location fe
rompt par la vente des fruits, & la vente des
fruits par la vente du fonds, & l'achepteur des

fruits ne possede pas moins au nom d'autruy que le locataire, jaçoit qu'il retire les fruits à son nom comme achepteur *l. Pomponius 29. in quib. mod. ususfructus amitta.* Se seroit autre chose si on a convenu que le fonds ne se peut vendre, *Constituto Emptori jure in rem ipsam per obligationem pignoris specialem aut generalem cum clausula constituti.*

---

# CHAPITRE XXXV.

I. *Les laods ne sont dus de cession de Droits, encore que dans le contract la clause de devesti:ture, & investiture soit apposée.*

I I. *Raisons pourquoy.*

**L**Es laods ne sont dus de cession de Droits, encore que dans le contract la clause de devestiture, & investiture, y soit mise, d'autant que par icelle aucun domaine n'est transferé; mais le douteux evenement est remis au cessionnaire, *l. cum & sortis in de pignorat act.* de mesme la cession & remission qui se fait entre les freres, & coheritiers n'est suj tte à aucuns laods, ainsi que dit Guid Pape q. 411. n. 2. & 16. Ranchin, voyez la question 51. cy-dessus.

---

# CHAPITRE XXXVI.

I. *Les laods ne sont dus d'une transaction.*

**II.** *Diverses opinions des Docteurs.*

1 LEs Laods ne font dus d'une tranfaction , foit
que le fond fur léquel on tranfige-demeure à
la puiffance du premier poffeffeur, ou bien qu'il
foit remis à celuy qui le demande : & que pour
bien de païr, on donne quelque fomme d'argent à
celuy qui le tient.

2 Contre l'opinion de quelqu'uns qui dient que fi
le bien demeure à celuy qui en a joüy par cy-devant,
alors les laods ne feront dus : que s'il les remet à un
autre il fera obligé de les payer.

Toutesfois la premiere opinion comme la plus
affeurée eft reçûë dans les Cours de Parlement fans
aucune diftinction : & voicy les raifons.

Premierement fi bien autresfois l'emphiteote
ne pouvoit vendre les fonds fans le confentement
du Seigneur, toutesfois il pouvoit tranfiger fans
fon congé. En fecond lieu, la tranfaction n'eft pas
proprement un contract, comme il eft dit en la Loy
*contractus cod. de fid. inftrument.* D'où Balde & Sa-
licet inferent que l'on ne doit aucune impofition
à caufe de la tranfaction. De plus par difpofition de
droit les laods font dus à caufe de la tranflation du
domaine, or eft-il que par la tranfaction aucun domaine n'eft transferé; mais feulement on met fin
aux different qui font entre les parties , *l. fi pro fun-
do , & l. five apudatta cod. de tranfact.* Encore que dans le contract ces mots foient inferez,
*cedant quitant & remettant tout le droict qu'il pour-
roit auoir fur les biens fans fe rien y referuer en fa-
con ny maniere que ce foit :* Guidpap.q.48.& 16.Ran-
chin & Ferr.

# CHAPITRE XXXVII.

I. *Les laods ne sont dus d'un contract qui est nul.*

II. *Les laods sont dus d'un contract nul si le domaine a esté transféré.*

LEs laods ne sont dus d'un contract qui est nul; mais il faut qu'il soit tellement nul qu'aucun domaine n'en puisse estre transferé par iceluy: comme si on a vendu ce qui appartient à autruy. Car si bien il est dit par principes de droit que l'on peut vendre le bien d'autruy, & que telle vente peut estre bonne & valable, céla se doit entendre que l'achepteur à l'action contre le vendeur, à cause de la non jouïssance, toutesfois par telle vente, on ne peut transferer aucun domaine.

Que si le Maistre & proprietaire du fonds preste consentement, alors les laods seront dus, D. *Fab. def.* 74. *C. de jur. Emph.*

Que si en vertu de tel contrat, quoy que nul, le domaine a esté transferé à l'achepteur, & en aprés il a esté rompu & resolu, alors les laods sont dus à cause de la translation du domaine *§. sed & si Marcellus in de in diem addictione*, parce que la resolution qui est intervenuë ne peut empêcher que le domaine n'ait esté transferé, tellement que le fonds ayant esté vendu, & le contrat passé, si toutesfois quelqué temps aprés les parties s'en departent mu-

tuellement, les Laods seront dus ; nonobstant tel de-
partement, & ainsi a esté jugé par la Chambre des
Comptes en l'année 1645. & par le Senat contre le
sieur Avocat Lachat dit Vissol, qui avoit vendu tout
son bien, au Seigneur Comte de Saconex, Seigneur
de Beaumont-Carra, pour le prix de, & cas avenant qu'il ne payast dans tel temps, alors le contrat
seroit resolu. Autre chose est, si incontinent aprés que
le contract a esté écrit les parties s'en departent, &
le rompent par d'autres pactions, *Argum. l. plarum-
que in de Act. Empt. Paulus de castro, in l. Iuris gen-
tium §. ideo in de pact.*

❧❧❧❧❧❧❧❧❧❧❧❧❧❧❧❧

# CHAPITRE XXXVIII.

*2.    Les laods ne sont dus d'un contract conditio-
nel avant que la condition soit purifiée.*

LEs laods ne sont dus des contrats & pactions
faites sous quelque condition, avant qu'elle
soit arrivée & purifiée, parce que le domaine ne peut
estre transferé avant la condition, & c'est le sentiment de tous les Docteurs confirmé par les cours
souveraines.

CHAP.

---

# CHAPITRE XXXIX.

*1. Les laods ne sont dûs d'une cense annuelle, &*
*perpetuelle imposée sur un fonds.*

LEs Laods ne sont dus d'une pension annüesse
& perpetuelle, imposée sur un fonds feudal : &
c'est la commune opinion reçüe sans aucune con-
troverse ; il est vray que par les Edits de nos Princes Sereniffimes, il a esté deffendu aux Fayetiers
d'imposer aucune cense sur leurs biens ; afin que
par telles imposition le Seigneur ne sut privé de
ses Droits, *D. Fab. def. 12. C. Iur. Emph.* Toutefois l'emphyteote peut imposer une cense & pension annuelle sur un fonds feudal pour le salut de
son ame, parce qu'elle est plus pretieuse que toute autre chose, & il vaut mieux que le Seigneur
patisse en ce qui est du temporel que non pas l'a-
me de l'emphiteote : & ainsi le Senat a jugé en
l'année 2637. pour les Reverends Religieux de
Saincte Marie Egyptienne contre les heritiers
plantain. *Tit. des Servis chap. 2.*

---

# CHAPITRE XL.

*1. La donation faite par le pere à son fils ne doit*
*doit aucuns Laods.*

1. LA donation faite par le pere à son fils ne doit aucuns laods, car comme dit Monſieur le Preſident Favre *Def.* 51. *C. de Iur. Emphit. non eſt tam acquiſitio ex parte donatarij quàm debitæ ſucceſſionis præoccupata quædam perceptio.*

---

# CHAPITRE XLI.

7. *Les laods ne ſont dus,* Ex pacto legis commiſſoriæ.

11. *Exception de cette Regle.*

LEs laods ne ſont dus, *Ex pacto legis Commiſſoria*, on appelle le pact de la loy commiſſoi re ſi on emprunte cent eſcus, & pour l'aſſeurance de la ſomme on remet un fonds en hypotheque, & cas avenant qu'on ne paye les cent écus dans une année, le fonds donné en hypotheque ſera acquis pleinement au creancier, lequel pact eſt reprouvé & deffendu par les Loix Civiles, *l.fin. C. de paction* pignor. tellement qu'aucun domaine ne peut eſtre transferé en vertu d'iceluy Guid Pape, quæſt. 48. Toutesfois ſi aprés le terme expiré le creancier demande ſon argent, & qu'il ſoit fait poſſeſſeur du fonds par autre voye que ce de tel pact, alors les laods ſeront dûs à cauſe de la translation du domaine qui s'en eſt enſuivie par autre convention que celle de la loy commiſſoire.

Pour l'intelligence de cette queſtion il faut ſçavoir que si bien le pact de la Loy Commissoire est reprouvé és hypotheques, il ne l'est pas toutesfois és ventes & achepts , & partant si bien dans une vente il y a un pact resolutoire, toutesfois les laods seront dûs, comme on a dit cy-devant , parce que il suffit que le contract aye esté bon une fois,& que en vertu d'iceluy le Domaine aye esté transferé à l'achepteur, quoy qu'il aye esté rompu & resolu en aprés.

# CHAPITRE XLII.

**I.** *Sçavoir si le Seigneur ayant vendu un fonds qui luy est arrivé par commise ou autrement, on devra les laods de telle vente.*

ON demande si le Seigneur ayant vendu un [1] fonds qui est de son fief , lequel luy est arrivé par commise ou autrement, & par ainsi le domaine util a esté consolidé avec le direct : tel fonds sera sujet à quelque servis, & si l'achepteur payera les laods du bien qui luy a esté vendu.

Tous les Docteurs sont d'accord que les laods ne sont dus , *l. si quis §. de servitibus , si quis ædes , quæ suis ædibus servirent, cum emisset traditas sibi acceperit, confusa sublataque servitus est.* & Vlpian au mesme sujet, *in l. quidquid 10. commun. præd. quid vivo, & si debita fuerit servitus deinde dominium rei servientis pervenit ad me , consequenter dicitur extingui servitutem.* La raison qu'ils en rapportent est que le fonds estant retourné au Seigneur direct, il reprend sa premiere franchise, & retourne dans son premier estre libre, tellemens que le Seigneur vendant tels biens, ils les vend hors de toute charge, ne s'y retenant aucun domaine sinon qu'il y aye des pactions au contraire.

Toutesfois si le Seigneur direct achepte quelques possessions de son emphiteote ou si l'Emphiteote les donne en payement, ou luy en fait un legat, soit donation, tellement qu'il ne les possede comme Seigneur, à sçavoir par droit de prelation ou de commise, alors les servis demeurent attachez à la piece, & partant à qui qu'elle soit vendüe l'achepteur payera au Seigneur les mesmes devoirs que les premiers Emphiteotes, & sera tenu de payer les laods tout de mesme que s'il l'avoit achepté d'un autre, Guid-pape, q. 575.

❦❦❦❦❦❦❦❦❦❦❦❦❦❦

# CHAPITRE XLIII.

*i. Le Seigneur qui a achepté un fonds de son fief, indivis toutesfois avec des autres, il devra les laods des pars, qui appartiennent aux autres Seigneurs.*

1 IL faut remarquer que le seigneur qui a achepté un fonds de son fief, toutesfois indivis avec des autres, il doit les laods pour les parts & portions qui appartiennent aux autres seigneurs : & c'est la commune opinion des Docteurs. De plus s'il chepte le fonds de son emphiteote, il faut qu'il rabbate à

son sensier, de la rente, les laods qu'un autre auroie
donné s'ils eut achepté le fonds, si tant est que dansle
contract de bail à ferme, les laods & autres devoirs
seigneuriaux ayent esté assensez. *Amed à Ponte,*
*quest. Laud. q.21. & q. 23,* [annotation manuscrite illisible]

# CHAPITRE XLVI.

I. *Les laods ne sont dûs d'une promesse de ven-*
   *dre, encore que dans le contract, il y aye un*
   *prix certain.*

II. *Raisons pourquoy.*

LEs laods ne sont dus d'un contract par lequel
on a promis de vendre un fonds, encore qu'il
y aye un prix certain, parce que par tel contract
aucun domaine ne peut estre transferé jusqu'à ce
que la chose ait esté venduë entierement, car comme dient les Docteurs, *promissio de vendendo non*
*est venditio sola in decret. sab. de jur. Emphit. gloss.*
*I. num. 12. D. Fab. def. 3 I. num. 2. Codic. de jur.*
*Emphit.*

# CHAPITRE XLV.

I. *Les laods ne sont dus d'affranchissement.*

II. *Le Tot-Quot, est du au Prince d'un af-*
   *franchissement.*

III. *Le Tot-Quot n'est du d'une transaction.*

LEs laods ne sont dus d'un affranchissement,
ainsi que nous asseure Monsieur Sola sur le
vieux statut de Savoye ; *de form. competent. Gloss*

*num*: 1. 26. mais par Edit du 26. Octobre 1561. il a
esté ordonné qu'on payeroit de tous les affranchis-
semens : tant reels que personnels, le Tot-quot en
Chambre, afin que les Lettres faites par les Seigneurs Bannerets, tenans arrieres fiefs de Son Altesse Royale, soient enterinées & homologuées,
sans laquelle la liberté donnée par le Seigneur, ne
peut de rien servir au main mortable, soit de personne, ou de ses biens : Et afin qu'on ne fraudast le
Prince de tel Droit, il a esté ordonné, que le taillable
donneroit par specifique declaration, les biens qu'il
possedoit & le nombre des enfans, suivant laquelle
on peut sçavoir ce qu'il devoit de Tot-quot, selon
les Reglemens sur ce fait qui sont tels.

A sçavoir que les taillables tant de corps que de
biens à misericorde faisans échûte, mourant sans
enfans mâles payeront pour l'affranchissement
de leur seule personne à raison de vingt pour
cent de ce qu'ils auront vaillant, & pour
leurs biens aussi à raison de 20. pour cent, que s'ils
ont un ou plusieurs enfans mâles, ils payeront à raison de 15. pour cent pour leurs personnes, & autres 15. pour cent pour leurs biens, & si lesdits hommes taillables sont de qualité que decedans sans mâ-
sles, & filles, ils font échûte n'ayans aucuns enfans
ils payeront pour leurs chef à raison de 15. pour cent,
& de mesme pour leurs biens, & s'ils ont des enfans
mâles ou filles, ils ne payeront que dix pour cent,
pour leurs personnes, & autre dix pour cent pour
leurs biens. *voiés tit. des taillables chap. 10.*

Et concernant les hommes lieges, faisant échûte de leurs meubles seuls, s'ils n'ont des enfans
mâles ou femelles, selon qu'ils seront condition-

ñez on payera pour une fois à raiſon de dix pour
cent de la valeur de tous leurs biens,que s'ils ont
des enfans capables de ſucceſſion des meubles,
ils ne payeront qu'à raiſon de cinq pour cent.

Et ceux qui d'ailleurs libres tiennent auſſi des
biens conditionnez & faiſant échute par leurs decez ſans enfans, payeront pour l'affranchiſſement
d'iceux, s'ils n'ont des enfans, à raiſon de 20.
pour cent, de la valeur des biens conditionez, &
ayans des enfans pour y ſucceder,à raiſon de 15. pour
cent, & par autre Edit du 23. Janvier 1562. il a
eſté dit que les hommes cenſifs, qui par la couſtume de lieux font échute de tous leurs biens,
payeront tout autant, que les autres hommes taillables, à la forme du precedent Edict. Les hommes lieges, qui auſſi par couſtume de quelques
endroits font échute des biens, meubles, tant ſeulement ayant égard à telle ſervitude quant à eux ſoit
payé à rate de la valeur d'iceux.

De ce que deſſus on peut colliger que ſi bien
le Seigneur a excedé le taux ordonné par le Prince, & a pris davantage de ſon taillable, pour l'affranchiſſement, toutesfois le Prince ne peut prendre davantage que ce qui a eſté ordonné par l'E-
dit, s'eſtant donné une loy de laquelle il ne ſe peut
emanciper, *Nam & ſi legibus Princeps ſolutus ſit,
attamen legibus vivit.*

De plus ſi le Seigneur plaidant avec un de ſes
hommes qu'il pretend eſtre taillable, & doutant
de l'evenement du procez, tranſige avec luy, &
reçoit quelque argent, moyennant quoy il ſe depart de l'inſtance, on ne devra aucun tot-quot au
Prince, car il n'eſt du qu'à cauſe de la liberté, don-

née par le Seigneur a son serf : mais en ce cas le Seign.se depart du procez qu'il avoit mal intenté, que si bien le vassal luy donne quelque argent, c'est seulement pour se redimer de vexation : Car le procez que le Seigneur a contre son homme, ne le fait taillable pour autant, sinon que l'échute soit declarée par sentence ou Arrest : de mesme la transaction faite avant la declaration ne peut donner aucun droit, pour le payement du Tot-quot qui est du en cas d'affranchissement seulement. C'est l'opinion de Monsieur le Present Doncieu, au traité qu'il a fait des mains-mortes Cap. 39.

## CHAPITRE XLVI.

*1. Sçavoir si l'Emphiteote, ayant payé les laods d'un contract nul ne les pourra repeter per conditionem indebiti,*

*1.1. Diverses opinions des Docteurs & distinctions.*

LEs Docteurs pour la resolution de cette difficulté ont-esté de diverses opinions ; les uns disans que si on a achepté un fonds d'un mineur, sçachant qu'il estoit mineur : toutesfois on a payé les laods, alors on ne les pourra repeter, *l. si quis §. fin. de negot. gest. & l. si quis domum §.1. & ib. doct. & ait non recepturum, quia id evenire proffcere debuit locat.*

Mais si l'achepteur n'a sçu ny preveu & entendu

les

les fautes du contract & d'où la nullité & resci-
sion s'ensuit , comme de prohibition d'aliéna-
tion & autres découvertes du depuis , en ce cas l'a-
chepteur les pourra repeter , ainsi que dit Faber *in*
*l. fin. §. fin. num. 2. C. commun. de legat.* ce qui est
vray , si la nullité est declarée par sentence ou autrement, on n'est pas admis à aucune repetition.

L'autre distinction est rapportée par les Docteurs, à sçavoir si l'achepteur sçachant le Contract nul paye les laods, alors il ne les pourra repeter *l. 1. de Condic. indebit. & l. cum qui §. 1.*
*de inof. testament.* que s'il en doute ou est en procez, si bien il les paye avec protestation de les repeter, il le pourra faire, Pap. au tilt. de restitution de
la chose duë ou sur payée Arrest. fin. qui rapporte
deux Arrests rendus par la Cour du Parlement de
Paris , l'un du 7. Septembre 1538, L'autre du 7.
May 1552. par lequel il fut jugé , que les
laods payez d'un contract nul pouvoient estre
repetez.

Monsieur Blancard aux remarques qu'il a fait
sur les questions Laudimiales de Amed du Pont,
dit que si le contract est nul, *ita ut nullum pote-*
*rit transferri dominium*, si en vertu d'iceluy, on
paye les laods, on les pourra repeter *per conditio-*
*nem indebiti.*

Que si en vertu de tel contract le domaine a esté
transferé, comme bon & valable : toutesfois il a
esté rescindé, en après si on paye les laods ; ils ne
pourront estre repetez, parce qu'il suffit, *semel trans-*
*latum dominium, semel enim acquisitum jus, amplius*
*nisi consentiente aufertur.*

Toutesfois si dans le contract quoy que nul, il

ferment a esté mis, on ne pourra repeter les laods;
*& non soluta persolvi debebunt, vi Iuramenti, cap.
debitores, de Iurejurand. D. Fab. Def. 66. Codic.
de Iur. Emphit.* Cela se doit entendre, *nisi peti-
ta restitutione in integrum, absolutio à Iurejurando
exposcatur.*

❦❦❦❦❦❦❦❦❦❦❦❦❦❦

# CHAPITRE XLVII.

1.    *Les laods appartiennent à l'Vsufructuoire, non
pas au Propriétaire.*

**L**ES laods appartiennent à l'Vsufructuaire non
pas au Propriétaire, parce qu'ils tiennent lieu
& place des fruits; & c'est la commune opinion des
Docteurs, ainsi que dit Monsieur Jul. Clar. *lib. 4. sen-
tient §. Emphit cusis, quæst. 33. n. 5. D. Fab. def. 46. c.
de Iur. Emphit.*

❦❦❦❦❦❦❦❦❦❦❦❦❦❦

# CHAPITRE XLVIII.

1.    *Le Seigneur peut agir sur le fonds de l'Emphiteote, par action hypothecquaire pour le
payement des laods.*

**I**L faut remarquer que le seigneur à faute du
payement des laods, tout ainsi que des servis,
peut agir sur les fonds par action hypothecaire,

car les laods sont de mesme nature que les servis,
pour le payement desquels il a action sur les fonds:
& bien davantage ; il peut agir sur iceux ; pour les
dépens qu'il a fait, contre le premier Tenancier,
afin de prêter la reconnoissance & payer les devoirs seigneuriaux, *Guid Pap. question. 42. Cum
ibid. citatis, Dom. Fab. def. 4. Codic. de jur.
Emphit.*

## CHAPITRE XLIX.

**1.** *Le Seigneur a droit de prélation, & est anterieur à tous autres creanciers pour le payement des laods.*

DE plus que le Seigneur a droit de prelation , 1
& anterieur à tous autres creanciers pour le
payement des laods , tout ainsi que pour les servis : tellement qu'en concours de creance, le Seigneur est preferable à tous , non seulement sur les
fonds qui sont de son fief; mais sur tous les autres,
si tant est, comme on a de coustume dans les reconnoissances , l'Emphiteote aye obligé tous & cha-
cuns ses biens pour le payement des Servis,
& que la reconnoissance soit anterieure aux autres obligations : Ainsi le Senat juge, comme dit
Monsieur le President Favre , *Def. 59. Cod. de Iur.
Emphit.*

❧❧❧❧❧❧❧❧❧❧❧❧❧❧❧❧❧❧❧❧❧❧

## CHAPITRE L.

I   *Les laods payez à un autre qu'à celuy à qui*
*ils sont dus, n'empeschent que celuy à qui on les*
*doit les puisse demander.*

SI on a payé les laods à un autre qu'à celuy à qui
on les doit, cela n'empesche pas pourtant, que
celuy à qui ils sont dus ne les puisse demander,
sauf le recours contre celuy à qui on les a payé
mal à propos : & ainsi le Senat juge, comme dit
Monsieur le President Favre, *Def. 31. Codic. de*
*Jur. Emphit.*

❧❧❧❧❧❧❧❧❧❧❧❧❧❧❧❧❧❧❧❧❧❧

## CHAPITRE LI.

I,   *Le Seigneur peut contraindre l'Emphiteote de*
*montrer le contract en vertu duquel il tient*
*les fonds qui sont de son fief.*

LE Seigneur peut contraindre l'Emphiteote de
montrer le contract, en vertu duquel il tient
le fonds qui est de son domaine direct, pour se
faire payer les laods, & autres devoirs Seigneuriaux, & c'est la commune opinion des Docteurs
aussi par Edit de Charles Emanuël du 20. Decem-

bre 1605. il a esté ordonné que le vendeur ayant
reconnu, sera tenu d'inserer au contract de vente de
quel fief les biens sont mouvans; à peine de commise
du prix de la vente ; que si le vendeur n'a reconnu il
se purgera par serment d'ignorer le fief duquel ses
fonds sont dependans, D. *Fab. Def.21. C de Iur. Em-*
*phit.* & par Edit d'Emanuel Philibert du premier
Mars 1563. il a esté ordonné que les achepteurs, feront inscrire les contracts de vente riere la Cha-
stelenie des lieux où les biens sont situez ; à peine
de commise du prix avec le nom & surnom des
fonds , situation & confins, *Dom. Fab. def.74. C.de*
*Iur. Emphit.* qui explique cet Edit , & donne les
especes où il peut avoir lieu.

# CHAPITRE LII.

*1. Par combien de temps les laods se pres-*
*crivent.*

TOutes actions tant personnelles que reeles se
prescrivent par l'espace de trente à quarente
ans, tellement que si on ne demande les laods du
nouveau Emphiteote pendant ce temps , ils seront
prescrits : parce que l'Emphiteote , *rem possidet bo-*
*na fide tanquam liberam :* cecy se doit entendre
s'il l'a possedé par l'espace de tel temps , sans
qu'il ait esté interpellé pour le payement des
laods & servis , *Guid. pap. conf. 213. n.6.*)

On pourroit objecter que les laods, tout ainsi que les se servis doivent prescrire par l'espace de 5
ans , comme il a esté ordonné par edit de Charle<sub>s</sub>

Emanuël du penultiéme Juin 1587. Toutesfois il faut dire que les Edits estans *stricti Iuris*, on ne peut faire aucune induction, à ce de quoy ils n'ont parlé : tellement que les laods n'estans compris dans cet Edit, on ne peut faire aucune illation de l'un à l'autre, d'autant plus que si on fait consideration sur le motif qui a esté pris par nos Princes Serenissimes, on verra que l'Edit qui a esté fait touchant les servis, ç'a esté pour le soulagement des peuples que les Seign. ruinoient, laissans accumuler les servis pendant trente années ; mais quant aux Laods, telle raison ne peut militer, veu qu'ils ne peuvent estre demandez qu'une fois, & ne reçoivent aucun surcroist, comme font les servis d'année en année.

Il faut remarquer que si bien un possesseur a tenu un fonds par l'espace de trente à quarante ans, toutesfois cela ne peut servir de prescription en faveur du nouveau achepteur qui doit les laods, *propter translationem dominij*, Guid. Pap. questione 416.

❦❦❦❦❦❦❦❦❦❦❦❦❦❦❦

# CHAPITRE LIII.

*Trés-cher Lecteur, vous ne trouverez pas mauvais si par un petit Epilogue, je fais recit de tout ce qui est écrit, dans ce traicté, où vous verrez les Cas, où les laods sont dûs, & ceux où on n'en doit point.*

## Cas ausquels les laods sont dûs.

I. *On doit les laods des ventes & achepts, suiǀ*

qu'ils soient faits par subhastations, ou autrement, mesmes si l'achept est fait, tant pour soy, que son ami à élire, quant aux subhastations seulement aprés les six mois ; à compter dés le temps de la mise en possession.

II. On doit les laods, des fruits pendants par racine, tout ainsi que du reste du fonds où ils sont attachés.

III. Si on vend plusieurs pieces pour un prix, il faudra payer les laods du prix total.

IV. On doit les laods d'un bastiment somptueux construit dans un lieu chetif.

V. Celuy qui achepte des fonds qui relevent de l'arriere fief du Prince, doit payer les laods au Prince, & il faut qu'il conste, quels fonds sont de son arriere fief.

VI. La vente faite sous grace de reachept, doit les laods, à sçavoir à celuy qui est Maistre lors de la celebration du contract.

VII. On doit les laods, d'un fonds qui est donné en payement au Seigneur, qui est lors de l'élection du fonds qu'on donne en payement.

VIII. L'achept des ventes doit les laods.

IX. Le contrat d'albergement.

X. On doit moitié laods d'un échange.

XI. De mesme d'une Donation, & s'il y a reserve des fruits pendant la vie du donateur, on les devra seulement aprés sa mort.

XII. Les Maisons Religieuses, doivent les laods de vingt en vingt ans, à cause de l'amortissement.

*XIII.* On doit les laods d'une hypotheque ;
après dix ans, excepté de l'hypotheque do-
tale qui n'en doit point.

*XIV.* La cession de biens faite pour payer les
creanciers doit les laods.

*XV.* La vente de plus valuë.

*XVI.* Le Seigneur qui a fait quittance des
servis, n'est pas exclu de demander les
laods.

*XVII.* On doit les laods d'un fonds, qui a
esté donné en recompence de ce qui a esté
évincé.

*XVIII.* Le vendeur reprenant son bien ; faute du payement doit les laods. Voilà les cas
où les laods sont dus.


## Cas aufquels les laods ne sont dûs.

*I.* Le cultivateur entrant dans les biens, à luy
acquis pour sa culture, ne doit aucuns
laods.

*II.* Ils ne sont dus d'une acceptation d'hoirie, legats, sideicommis, partages.

*III.* D'accensement quoyque fait pour dix
ans.

*IV.* La dote n'en doit aucun.

*V.* La vente des fruits en est aussi exempte.

*VI.* La cession de Droits.

*VII.* La transaction.

*VIII.* Le contract nul, qui n'est capable de
transferer aucun Damaine.

*IX.* Le contract conditionel avant que la condition soit purifiée.

X. *La Donation faite par le Pere à son Fils.*

XI. *Les laods ne sont dûs du'part de la Loy Commissoire.*

XII. *Comm'aussi d'un sonds vendu par le Seigneur qui luy est arrivé par échûte, & commise.*

XIII. *Les laods ne sont dûs de promesse de vendre.*

XIV. *De mesme de vente de fonds d'autruy.*

XV. *Pareillement d'affranchissement soit personnel ou réel.*

XVI. *De plus si la demande en est prescripte, par le laps de trente à quarante ans.*

du fond avixa Si le laod est dau
marchs dacis. Bob. ainsi crav. cons. pro
genero n°. 291

quand aux Laods voias qui paye
Depesse des droit seigneuriaux sect. 5.
tit. das laods

# TRAITÉ
## DES
# TREZEINS.
## CHAPITRE I.

§. *Qu'est-ce que Trezein.*
§ I. *Les maisons qui doivent les Trezeins.*

IL ne sera hors de propos, après avoir traité des laods, de deduire quelque chose des Trezeins.

Le Trezein est un devoir qui se paye à Son Altesse Royale sur les maisons qui sont dans la ville de Chambery ; & s'appelle de la sorte, parce que l'achepteur doit payer de 13. florins 1. qui est la treisiéme partie du prix de l'achept ensuite de la transaction faite par Amé IX. Comte de Savoye, & les Sindics de la Ville de Chambery, le 7. Mars 1382. dans laquelle transaction sont specifiées les maisons qui sont sujettes à tel devoir, que nous avons icy designées pour plus grand éclaircissement.

Exceptés les maisons, & Casuls, qui sont dés

le Pont Motens exclusivement ; iceluy Pont , assis
& situé , sus l'eau d'albane , joûte la maison qui
estoit autre fois à Guillaume Rodes , passant au dessus de la ruë de trois - ponts , jusqu'à la porte , qui s'appelle , la porte de montmelian ; sans y comprendre les maisons , & casals
situés au lieu du Laret , sinon celles qui se treuve-
ront aux angles du frontispice d'icelle ruë ; sur
lesquelles , nous nous reservons à jamais le Trezein,& à nos successeurs , à perpetuité.Et dés la porte de Montmelian , tirant en droite ligne , dans la
Ville jusqu'à la porte des Religieuses saincte Claire , & dés cette porte , marchant de l'autre côté jusqu'à l'angle des Chabods ; & de la tirant
en bas par la ruë de la Grenette , jusqu'au pont
de Guillaume le bon , iceluy pont non compris,qui
estoit appellé autrefois le pont de l'Hôpital Boni-
yard , d'où l'on vat au Chasteau de Chambery.

Et dés le pont , tirant de l'autre part de ladite
ruë , jusqu'à l'angle de la mesme ruë assise , & si-
tuée contre la maison dudit Guillaume bon , tirant autrefois de c'est angle , jusqu'au pont de bel-
le combette , situé entre la maison de Maistre Jean
Petit , qui a esté dés Chabods,de l'autre costè ; &
Marchant plus outre de l'autre part de ladite ruë ,
jusques à l'angle de la maison d'Antoine Bonivard,
assise contre le Pont de Jean Ranesius,qui est a l'en-
trée du Bourg nouveau de Chambery , & de là des-
cendant , jusqu'au pont de Viviant le vieux , lequel
pont est entre la maison de Monsieur d'Aix , d'un
côtè , & la maison des heritiers de Guillaume Moi-
ne , qui a esté de Jean Renaud , de l'autre côté ; &
dés le mesme pont , marchant au dessus d'autre part

de ladite ruë du bourg nouveau, jufqu'à l'angle de la maifon de Jacques Pafcal; & de la tirant ledit angle, par la ruë de ville-neufve en bas, jufqués à une certaine porte de pierre de taille, faite en voûte, affife & fondée, entre la maifon de Monfieur Jean de Merin, & dés ladite porte retournant de l'autre part de la ruë de Ville-neufve, paffant au deffus, jufqués à la porte du Reclus, & commençant derechef dés ledit Pont Morens, & de l'autre part en bas de ladite ruë, jufqués à la porte de Montmelian, & delà entrant par la mefme porte dans la Ville, jufqués à l'angle de la maifon des heretiers de Jean Boral, d'autrefois, qui eft contre l'Hôpital de Chabods, une ruë au milieu, & de la tirant, par la ruë qui s'appelle la grande ruë de Chambery en bas, jufqués à l'angle de la maifon, des Froments, que tient maintenant Paftelir de Orchia, qui eft au commencement de la ruë de la Cité, & delà paffant jufqu'au Pont des moulins des granges, le pont refervé, & dés ledit pont, retournant au deffus, jufqu'à l'angle de la maifon dudit Girard Tripaud, qui eft au commencement de la ruë de la Boucherie, contre la maifon dudit Antoine Mallier, & paffant plus outre par ladite Boucherie, jufqu'à l'angle de la maifon de maiftre Courad Sellier, & paffant plus outre, jufqués à la porte du Reclus, lefquels confins fe confinent par l'eau d'Albane, qui entre dans la Ville, par un arc dernier le verger des Freres mineurs, qui va jufqués à la maifon de Guillaume Maréchal, dés le Pont qui eft aprés, & delà coulant fous une éclufe directement en bas contre un Pont de pierre affis proche de l'Hôpital de Chambery, où l'on va dans

l'Eglise des Freres Mineurs, de la part du devant, &
delà tirant par ladite eau, jusques audit pont defdits moulins des granges, fur lefquelles maifons &
cafals, qui font dans lefdits confins, nous nous
referyons à perpetuité, & à nos Succeffeurs, le
trefain lors, & quand elles fe vendront.

## CHAPITRE II.

## Cas aufquels les Trezeins font dûs.

*Pour plus grand éclairciffement de cette matiere, il*
*eft neceffaire de fpécifier les cas où les trefeins*
*font dûs qui font tirés de la mefme tranfaction, qui*
*font les fuivans.*

EN premier s'il y a vente pure, & fimple fans
aucun pact de reachept, ou d'albergement.

En fecond lieu, fi la vente a efté faite, avec
pacts d'alberger les mefmes fonds, au vendeur,
alors il feront dûs du prix de la vente.

Pour troifiéme chef, fi on faifoit quelque albergement frauduleux, en haine des trefeins, les con-
trahans feront condamnez au quadruple.

Quatriémement, fi la vente pure & fimple, a
efté faite à fi vil prix, qu'elle vaille le double à def-
fein de frauder le Prince, non feulement le prix;
mais encor le refte du jufte prix de la maifon, fe-
re appliqué au fifc, pour punition du dol, de la
fraude commife, autre chofe eft de la vente faite à
grace redemptive.

Toutesfois & quantes que l'achepteur, & le vendeur, auront frauduleusement declaré au Fermier du Prince un moindre prix, que celuy dont ils seront demeuré d'accord, le prix demeurera confisqué au profit du Prince.

En sixiéme lieu, les trezeins sont dûs des contrats de reachepts, à proportion du prix porté par iceluy.

On doit aussi les trezeins des contrats d'albergement qui auront esté faits sous quelques introges & servis annuels, & ce des sommes des servis tant seulement.

De plus si une donation ressent en quelque façon la nature d'une vente, & que dans icelle il y aye quelque somme, ou autre espece, en contrechange de la chose donnée, alors le trescin sera dû, de telle donation.

Pour neufviéme Chef, si un autre que le Seigneur util du fonds, a achepté des servis, & domaine diret, alors le trezein sera dû de telle vente.

<hr>

# CHAPITRE III.

## Cas ausquels les Trezeins ne sont dûs.

LEs Trezeins ne sont dûs, en premier, lieu si le Seigneur util d'une maison achepte du Seigneur Direct les servis ou pension imposée sur icelle.

En second lieu, on ne doit les trezeins, des

contracts d'albergement faits foûs des grands fer-
vis & introges.

Troifiémement des donations faites entre-
vifs.

En quatriéme lieu des contracts de dote, qui ne
portent eftimation de biens , de forte que telle eftimation puifle operer vente.

En cinquiéme lieu les donations faites à caufe de
mort ne font fubjetes à aucun Trefein.

De plus de contract déchange , & permutation,
fi ce n'eft qu'il y aye prix fommé , ou quelqu'autre efpece , ou quantité qui puifle tenir lieu de prix,
& recompenfe de la permutation.

Pour feptiéme chef, fi quelqu'un a fait un legat pieux pour le Salut de fon ame , & qu'à c'eft
effet il donne ou impofe une penfion annuelle, fur
la maifon qu'il faut achepter , dans l'an aprés , à
prix d'argent, de tel prix & penfion annuelle, on ne
devra aucun trezein.

En dernier lieu , on ne doit aucuns trezeins des
Contracts aufquels le Seigneur util d'une maifon
vendroit une penfion annuelle , fur icelle du confentement du Seigneur direct , ou le Seigneur direct
d'une maifon vendroit une penfion annuelle fur
icelle , n'eftant poffedé par aucun maiftre util.

Il faut remarquer, qu'outre les trezeins, il faudra
payer les laods , des maifons qui feront renfermées
dans les limites fus-fpecifiées fi elles dependent du
fief de quelque Seigneur direct.

# F I N.